10岁
开始的经济学

100万册珍藏纪念版

 如果没钱了

［日］泉美智子·著　　［日］佐藤直美·绘

唐亚明·译

中信出版集团｜北京

目录

2

1 如果没钱了

（货币的目的和作用）

爸爸驾着帆船，带上儿子小佳和小勇，驶往辽阔的大海。

他们干劲十足，要去大海"冒险"。

可是，途中遇到了台风。

帆船偏离了预定的航线，迷失了方向。

多亏他们运气好，被风吹到了海滩上。

爸爸拼命拽住绳索，不让帆船漂走。

在狂风暴雨中，爸爸一整夜紧紧地拉着系在帆船上的绳索。

恐怖的夜晚过去了，天终于亮了。

帆船搁浅在小岛上，这里似乎是一座无人岛。

爸爸已经爬不起来了。

他实在太累了，全身瘫软，动弹不得。

小佳和小勇把爸爸弄上帆船，想出海寻找有医院的岛屿。

"那是什么？"他们终于找到了一个有房子的岛屿。

小佳大喊："我爸爸很危险，哪儿有医院啊？"

不知从哪儿传来了喊声："这岛上没医院呀！"

他们俩看到一座房子的屋檐下晒着鱼干。

小勇哭了出来："我饿了！"

小佳拿出一张钞票，对房主人说：

"请您把鱼干卖给我们吧。"

"你那张纸片怎么能换鱼干呢？

在我们这儿，1块鸡肉或1块野兽肉换1条鱼干，

1把蔬菜换2条鱼干，1捧大米换3条鱼干。"

这座岛上，钱好像不能用。

"这小岛上只有100多人，不需要钱。"

小佳从背包里拿出了剪刀、笔记本、铅笔、水果刀和便携收音机等。

"那我能用这些东西换鱼干吗？"

"这都是些啥东西？我咋没见过呢？"

小佳向村里人说明了这些东西的用法后，村里人说：

"原来如此。你们带来的这些家伙很方便嘛！"

小佳和小勇用剪刀和水果刀换来了10条鱼干。

渔民们指向远方，说："这座小岛上吃的东西只有海鲜类。

往那个方向出发，离这儿很远的地方有座大岛，

上面住着5000多人，还有医生呢。

我们病了有时也去那座岛上看。

那儿还有面包、蔬菜和牛奶呢。"

小佳他们花了整整一天时间，终于驾船到了那座大岛。

港湾里还有一座小码头。

从四面八方来的船停泊在那里，

有帆船、游艇，有的船上还装饰着彩旗。

码头上人来人往，很热闹。

"请问，哪儿有医院？"

"走过前面那几座房子就到了。你们咋的了？"

"我爸动弹不了啦！"

他们一到医院就说："我们用这件夹克做交换，请给我爸爸看病吧！"

医院的人和候诊的病人都哧哧地笑了出来。

一位上了年纪的病人告诉他们说：

"以前这里是以物换物，后来人越来越多，就不那样换了。

我们现在用贝壳做交易，用上面有记号的贝壳，什么都能买。

你看，就是这种贝壳。"

"用贝壳当钱花，这岛屿真不可思议啊！"

小佳和小勇不知如何是好。

"好不容易把爸爸运到这儿来……"

院长、护士和病人们凑了过来，有人看着小佳裤子上的皮带说：

"这带子好像很方便，卖给我吧。"

"你这帽子看起来不错嘛。"

"这件夹克不透水！"

"快看！这筒子能看清远处呢！"

不一会儿，小佳他们就被人们围住了。

他们面前很快堆起了一大堆贝壳。

他们的皮带、夹克和望远镜都被岛上的人买走了。

他们用贝壳支付了医药费，还买回了面包和牛奶。

爸爸的身体逐渐好了起来。

港湾里停泊着各式各样的船。

从周围岛屿来的人们涌到这座岛上，

把自己打来并晒干的鱼，

以及各种鸟兽的肉换成贝壳，

然后又用贝壳换来自己需要的用品带回去。

各岛之间也用贝壳交易，

贝壳作为货币在岛屿间流通。

爸爸完全恢复了健康，
他们精神抖擞地驾驶着帆船出航了。
天空蔚蓝，万里无云，
海风轻轻拂面，海面风平浪静。
行驶了好一阵，前方出现了一座较大的岛屿。
爸爸带着小佳、小勇上岸，
跑进一家餐厅，想填饱肚子。
他们往饭桌上摆了一大串贝壳，说：
"把你们这儿的好吃的尽管端上来吧！"

"哎，
用贝壳怎么能买饭菜呢？"
服务员拿来了菜单，
上面标着价钱。
小佳说：
"怎么这岛上可以用日元呀！"
"这里是日本啊！"
服务员惊讶不已。

原来，他们三人来到了日本最南端的岛屿，岛上有人居住。

小佳知道爸爸钱包里有日元，放下心来。

但是，他们用宝贵的望远镜和皮带换来的贝壳，只能用来当摆设了。

小佳嘟囔道："钱到底是什么呀？"

爸爸"嗯"了一声，想了一下，回答说：

"钱就是大家习惯并约定用来统一表现商品价值的东西。"

烤鲜贝 500日元

荞麦面 600日元

套餐 700日元

13

2 如果没钞票了
（纸币和硬币并用）

老师说："6年级1班的同学们，从明天起的3天2晚，

我们一起体验日本江户时代（1603—1867年）的生活，

每人带3000日元①来。

不许带纸币，只能带硬币。因为江户初期只有金属货币。"

"江户时代？那我戴假发髻来吧。"

"我穿和服来。"

"我想穿草鞋去。"

同学们得知要去体验江户时代的生活，兴奋得欢蹦乱跳。

---

①按照2024年2月1日人民币对日元汇率换算，21日元约合1元人民币。

第二天一大早，同学们乘坐大巴车出发了。

老师手持话筒说："日本在江户时代以前，有几种货币，

一种是含真金的椭圆形大金币，可沉呢；

还有1两金币、1分银币和1文铜钱。

按现在的说法，当时只有金属货币。"

"椭圆形大金币有多重啊？"

"你要是在口袋里放上1枚大金币和3枚小金币，

走上一圈儿，保证口袋会破。"

同学们惊讶得叫了起来。

在远离城镇的深山里，

有一个家庭旅店，由5栋老房子组成。

30名同学分成5个小组，每组6人，分别住了进去。

他们开始用3天2晚的时间来体验江户时代的生活。

5个小组分别为：采购小组、炊事小组、清扫小组、
洗碗小组、记录小组。
采购小组的6名同学需要前往山脚下的村庄，
购买从今天晚饭直到后天午饭所需的全部食品。

在江户时代，没钱也买不了东西。
采购小组的第一项任务，
就是从每个老师和同学那里收取1280日元。

采购小组的6名同学，

把从两位老师和30名同学那里收到的40960日元

的硬币，用包袱皮包好，扛在肩上，往山下走去。

好重啊！

刚开始时，大家心情愉快，像是郊游，

感觉穿越了时空，回到了江户时代。

6个人边说笑边下山，虽说是走下坡路，

可是扛着沉重的硬币仍是非常吃力。

下到半山腰时，6个人已是疲惫不堪，

肚子咕咕叫了。

在江户时代，
用绳子把100枚一文钱
串成一串，
是为了好计算
而想出的窍门。

山脚下的杂货店里，出售着江户时代的各种食品，
同学们挑选着米、鱼干、鸡蛋、野菜、番薯等。
那个时代没有冰箱，不能买需要冷藏的东西。
店里的收银台只有一位老奶奶，
她数着同学们支付的38870日元硬币，可费劲儿了！
同学们看了看墙上的挂钟，
数钱整整花了30分钟。

采购回来，老师对采购小组的同学们说：
"你们辛苦了！"

体验生活的最后一个晚上，大家围坐在地炉旁。

采购小组组长问：

"江户时代的人为什么不用纸币呢？"

老师说："江户时代中期，出现了一种名叫'藩札'的纸币，

但只能在藩（行政区域）内使用。

要想在别的地方买东西，就只能用幕府发行的金属货币了。

采购小组已经体验了金属货币不便携带，又难分真假的特点。"

"我们第一次去采购时，如果用纸币，

那递上4张10000日元不就得了，

店里人只需找我们1张1000日元、

1枚100日元和3枚10日元的硬币。"

"那样老奶奶也不会累得肩头发僵了。"

"还是纸币方便啊！"

"纸币上虽然印着千元，其实就是一张纸片。

印上千元，它就有了1000日元的价值。

用一张千元的纸币买800日元的商品，

不仅能拿回那件商品，还有200日元的找零。

用纸片交换商品，真是不可思议啊！"

在日本,纸币的正式名称叫银行券。

使用银行发行的纸币,

前提是信任银行和政府。

"我们平时想都没想过，钱里有这么多秘密呀。

可是，如果没钱，那岂不是什么也干不成了？"

同学们七嘴八舌地议论着。

体验江户时代生活的活动结束后，小刚回到家里。

他问正要出门买东西的妈妈：

"妈，如果你钱包里的钱都是钢镚儿，你会怎么办呢？"

妈妈笑着说："这事儿我连想都没想过。"

3 如果游乐园免费
（合理的价格）

暑假快到了，有人在学校大门口散发广告：

"7月1日起，游乐园全场游乐项目免费开放！"

这广告让人大吃一惊。小达拿着广告传单赶快跑回家，

兴奋地对妈妈说："妈妈，UFO游乐园里坐什么都免费啦！"

7月的第一个星期天，爸爸、妈妈、姐姐麻衣和弟弟小达，

全家人乘地铁来到了UFO游乐园站。

从站台到游乐园已是人山人海。

爸爸好泄气，说："看来今天不行了，改天再来吧。"

电视台的直升机在头顶上飞来飞去，

正在实况转播UFO游乐园的混乱状况。

"免费的吸引力可真是不得了啊！"

小达一家人灰心丧气地从人群中挤出来，原路回家了。

晚饭后，全家坐在客厅里看采访UFO游乐园的电视新闻。

一位排在队伍最前面的游客回答记者说：

"我从昨天早上就在这儿排着呢。"

"原来如此。"疲惫不堪的爸爸一边打着哈欠，一边说，

"看来不下功夫，不做牺牲，就享受不到'免费'这种好事啊！"

这次，小达一家一大早就出门去UFO游乐园。

今天是平常的日子，爸爸向公司请了假。

麻衣和小达也向学校请了假，拉着妈妈，4个人再一次前往游乐园。

"这次我一定得坐银河列车！"

这天虽然没有星期天人多，可仍然到处是人。

他们好不容易入场后，挤到乘坐游乐设备的地方就花了好长时间。

而且，坐一种游乐设备就要排3小时以上的队，游客实在太多了。

结果，他们在UFO公园里待了6个小时，

只坐上了两种没什么人气的游乐设备。

麻衣发牢骚说："在游乐园免费还不如花钱玩得高兴呢。"

"是啊，今天真累死我了！"妈妈也浑身没劲儿了。

小达泄气地说："我原来以为不要钱就能玩好多种游戏呢，
谁想到连银河列车都没坐上。"

只要免费，
就会来很多人。
入场也费劲，
想坐的游乐设备也坐不上。
难怪有句俗话说：
"白来的最贵。"

尽管人山人海，但是由于乘坐什么都免费，
UFO游乐园只靠门票的收入，7月份亏本无疑。
游乐园付不起员工的工资，决定裁员一半。
人手不够了，游乐设备事故和犯罪现象增加了。

"不能再免费营业了！"

UFO游乐园的总经理从8月起恢复了收费。

人们以为"一收费就不挤了"，

好多小孩就来UFO游乐园玩。

于是，客人虽说没有免费时那么多，也仍然人挤人。

UFO游乐园总经理在办公室一边看电脑，

一边得意地对员工们说：

"我们免费并不算白免嘛，等于做了个大广告。

即使再提高收费，客人也一定比以前多。"

园内游乐设备提价3倍!!

"加油，用3个月挽回7月份的损失！
我相信，今后的营业额也不会下降。
免费活动将取得巨大成功！"
总经理信心百倍，他想：
"有这么多游客想来UFO游乐园玩，
我们就把游乐项目提价3倍吧。"
他马上在报纸上登了提价公告。
可是，第二天，UFO游乐园门口没来几个人，
只停着几辆事先有预约的团体游客大巴，
真可谓门可罗雀。

游客从大巴下来后，

看到UFO游乐园里人少，高兴得又蹦又跳。

"今天不用排队就能玩啊！"

可是，游乐项目涨价了3倍。

"这过山车可太贵啦，

咱们只坐一次'空中冒险'吧。"

游客们开始自己限制

乘坐游乐设备的种类和次数了。

"好玩是好玩，可这么贵，

我下次不来了。"

"宇宙游乐园比这儿好玩。"

到处都能听到游客发牢骚。

游客数量大大减少，营业额也大大减少，

UFO游乐园的总经理急坏了。

他终于明白了，免费不行，提价2倍、3倍也不行。

"不管你游乐园里有多少人气设施，

定价比别的游乐园贵，或者实行免费都不对。

价格应该设定得既不会使游客太拥挤，

又能让游客玩起来比较实惠。

最重要的是，要使游客满意，让游客想'下次再来'。"

如果世界货币统一

（国力、贸易、汇兑）

世界上有多少国家？

100个以下？ 100个以上？

哪个答案正确呢？

目前地球上有190多个国家。

"哦，有那么多国家呀。

那，货币的种类也和国家的数字一样多吧？"

"不对，货币的种类可没那么多。

欧洲的许多国家就使用统一货币欧元。"

"对，我想起来了，暑假和爸爸一起去北京时，

爸爸在酒店附近的银行，用日元兑换了人民币。

如果世界上每个国家都使用相同的货币，

那不就不用这么麻烦啦！"

人们的这种心愿会实现吗？

全世界的人都盯着电视机的画面。

电视台正在实况转播在纽约召开的联合国会议。

各国的财政部部长和中央银行行长，

出席了"世界货币统一大会"。

大家凑在电视机前。人们最关心的是，

用哪个国家的货币统一这么多种货币呢？

有人说："那当然是美元啦。"

也有人说："日元还不行嘛！"

中国、美国、法国、俄罗斯等国的财政部部长，

在联合国大会厅纷纷发表演说。

中国财政部部长说："中国人口约占世界人口的18%，

人民币理所当然成为世界货币。"

美国财政部部长说："哪个国家的国库里都是美元储备最多，

不言自明，美元是世界货币。"

法国财政部部长说："欧洲各国通用的欧元，

是再合适不过的世界货币了。"

日本财务大臣说："日本经济稳定，全世界都进口日本的工业产品，

请大家多多关照，让日元成为世界货币吧。"

各国争论不休，得不出结论。

于是，联合国成员国进行投票，选出了5种货币：

美元、人民币、日元、欧元、英镑。

假设只有一种货币

由于得票数基本相同，
很难从5种货币中选出1种。
最后各国代表们同意抽签决定。
没想到，某国代表抽中了！
在各国财政部部长和中央银行行长的掌声中，
某国财政部部长和中央银行行长
激动地登上讲坛。
世界银行决定发行新的
世界货币。

各国都有自己独特的金融动向、物资流动和物价标准。

它们之间的平衡，维护着本国的经济。

电子计算机里有汇率自动转换器，进行着各种货币换算。

货币兑换是稳定世界各国经济必不可少的交易行为。

世界银行在全世界设置了自动兑换机。

不论你往里面放入什么货币，

都会自动兑换成统一货币，谁都不赚不赔。

那么，如果有了统一的世界货币，会出现什么情况呢？

比如说，我们去韩国的首都首尔旅游。

以前，不兑换韩元就买不成东西，

现在可以直接用统一货币买。

去美国也好，去巴西也好，

去世界上哪个国家都能用同样的钱买东西。

人们马上就能看出是贵还是便宜。

国与国之间的物价差距一目了然。

比如说，东京每平方米的房租也许是世界上最贵的。

新干线（日本高铁）每公里的票价

是美国飞机每公里票价的3倍。

日本的平均工资虽说是中国的好几倍，

可日本什么东西都贵！

现在的时代，是全球化的时代，人才和物资跨国流动。

以前，中国人认为到日本能拿高工资，

就想去日本工作。

还有印度人、泰国人，以及南美的日裔等。

这样一来，想在日本工作的人超过了所需雇用的人数。

结果，老板即使降低工资，也能雇到员工。

美国、欧洲各国和日本到中国投资建厂，

人工费用低是主要原因之一。

而随着在中国需要雇用的人数增加，

劳动力会出现短缺，工资就会提高。

等到中国的工资和日本的工资一样高，
就实现了所谓"平均化"。

那么，各国的交通费和房租等
也会出现平均化。
世界真的会实行统一货币吗？
那样做对世界是否有益呢？

作者介绍

■著：〔日〕泉美智子

"儿童经济教育研究室"代表，理财规划师，日本儿童文学作家协会会员。
她在日本全国举办面向父母和儿童、小学生、中学生的金钱教育讲座，同时编写公民教育课外读物和纸戏剧。主要著作有《什么是保险？》（近代推销社）、《调查一下金钱动向吧》（岩波书店）等。

■绘：〔日〕佐藤直美

多摩美术大学毕业后，曾从事绘制时装模特模型面部的工作，而后四处周游，现为插图画家。绘有"儿童与金钱教室"小组创作的故事《鸡蛋和钱的故事》等。

■译：唐亚明

知名图画书编辑、作家、翻译家，出生于北京。毕业于早稻田大学文学系、东京大学研究生院。1983年应"日本绘本之父"松居直邀请，进入日本最权威的少儿出版社福音馆书店，成为日本出版社的第一个外国人正式编辑，并一直活跃在童书编辑的第一线，编辑了大量优秀的图画书，并获得各种奖项。
他本人的主要著作有《翡翠露》（第8届开高健文学奖励奖）、《哪吒和龙王》（第22届讲谈社出版文化奖绘本奖）、《西游记》（第48届产经儿童出版文化奖）等。他曾作为亚洲代表，任"意大利博洛尼亚绘本原画博览会"评委，并任日本儿童图书评议会（JBBY）理事。现在东洋大学和上智大学任教。现任全日本华侨华人文学艺术联合会名誉会长、全日本华侨华人中国和平统一促进会会长。他翻译了许多作品介绍给中日两国读者。